パッと伝わる！公務員のデザイン術

埼玉県三芳町
広報・プロモーション担当
佐久間 智之 著

学陽書房

はじめに

　日々の業務の中で、住民向けの通知書やイベントのチラシなどを、雑誌のデザイナーでもない我々「公務員」は作らなければなりません。けれど、限られた時間で、プロのようなデザインをすることは、ハードルが高いと思われがちです。

　実は、ちょっとしたポイントを押さえれば、プロ並みの通知書やチラシを作ることができます。
　皆さんはデザインの「ルール」を知らないだけなのです。「センス」は必要ありません。

　「デザインのセンスがない」「メールや文章が苦手」「チラシを作ってもなかなか人が来ない」「住民に思いが届かない」などの悩みを抱えている人たちにこそ、本書を読んでいただきたいです。

　「伝える」のは自分ですが、「伝わる」のは相手。「伝わる」ことの重要性を、住民と接する公務員生活の中でよく感じます。「伝わる」デザインを作ることで、次のようなメリットがあるからです。
- 無駄な問い合わせが減る
- 苦情が減る
- 定時で帰れる
- 周りからの評価が上がる
- 仕事が楽しくなる　etc...

住民が問い合わせをするのは、「伝わらない」通知書や説明が原因です。もし、通知書でしっかり住民に伝わり、そこで完結できれば問い合わせがなくなり、苦情も減ります。

　無駄な問い合わせや苦情が減れば、住民対応に追われる時間が短縮され、定時に帰れるようになります。それは仕事の効率化に繋がり、周りからの評価が上がります。伝わるデザイン術を身につければ、仕事が楽しくなる「たのしごと」になるでしょう。

　本書を読んで、通知書やチラシ、起案の添付資料などを作ったら、きっと「お！センスがよくなったね」「わかりやすいメールだね」「苦情が減ったね」「チラシの効果で人がたくさん集まった！ありがとう！」と言われることでしょう。

　デザイン術のノウハウがギュッと詰まった本書を読み終えたとき、パッと伝わる通知書やチラシが、自然と作れるようになっているはずです。本書が皆さんのお役に立てることを心から願っています。

　最後に、この本の出版にあたっては、三芳町職員の皆さん、全国の自治体広報担当の仲間、漫画家のみずしな孝之先生、アップフロントの皆さん、三芳町広報大使の吉澤ひとみさんとJuice=Juiceの金澤朋子さんをはじめ、多くの人のお力添えとご協力をいただきました。ここに深く感謝申し上げます。

平成30年5月

　　　　　　　　　　　　　　　　　　佐久間　智之

パッと伝わる！公務員のデザイン術　目次

はじめに ………………………………………………………… 02

第1章　〇×でわかる！住民に伝わるデザイン

通知文　Q&A方式できちんと伝わる ………………………… 10
チラシ　一瞬で興味を惹きつける方法 ……………………… 12
ポスター　一目で「これは！」と思わせる …………………… 14
プレスリリース　5W1Hを徹底 ……………………………… 16
数値資料　色を増やさずシンプルに ………………………… 18
ホームページ　文字の羅列はNG ……………………………… 20
SNS　情報を絞り込む ………………………………………… 22
広報紙表紙　「若い人が興味を持つ」基準 …………………… 24
広報紙紙面　読む気にさせる工夫 …………………………… 26

4

一目で伝わる！「見せ方」のコツ

01　使う色は絞るとスッキリ！ …………………………… 30
02　見にくい色使いに要注意！ …………………………… 32
03　写真は大きい1枚で印象的に ………………………… 34
04　笑顔を引き出す写真の撮り方 ………………………… 36
05　「ピクトグラム」で直感的に伝わる！ ………………… 38
06　余白は写真だと惹きつけられる ……………………… 40
07　見出しの「囲い」は四角で落ち着く ………………… 42
08　表の罫線は細いほど見やすい ………………………… 44
09　癖のない書体なら誰でも読みやすい ………………… 46
10　明朝体とゴシック体で印象が変わる！ ……………… 48
11　情報の順位を決めるとわかりやすい ………………… 50
12　漢字は大きく、ひらがなは小さく …………………… 52
13　数字＞単位でスッキリ見せる ………………………… 54

第3章 誰もが読みやすい！「書き方」の基本

- 01　3原則を押さえるだけで伝わる文章に！ ……… 58
- 02　「ゴール」がハッキリするとわかりやすい ……… 60
- 03　結論が最初にあると安心する ……… 62
- 04　面白いコピーで興味を惹く！ ……… 64
- 05　脱・お役所言葉で受け入れられよう ……… 66
- 06　修飾語は上手に使うと引き込まれる ……… 68
- 07　具体例のセットで理解が深まる ……… 70
- 08　タイトルは「引き算」でスッキリ！ ……… 72
- 09　シンプルな見出しだと伝わる ……… 74
- 10　見出しとリード文で心をつかむ！ ……… 76
- 11　長い文を短く錯覚させる「。」 ……… 78
- 12　主語と述語が近いと読みやすい ……… 80
- 13　行政は情報を詰め込みがち ……… 82
- 14　相手を考えたSNSで確実に届く！ ……… 84
- 15　へりくだり過ぎないとまっすぐ伝わる ……… 86

第4章 困った時に効く！「Office」の解決術

Word

01 文頭がズレる ……………………………………… 90
　⇨ タブで位置を合わせる

02 勝手に箇条書きに ………………………………… 92
　⇨ 入力オートを解除する

03 画像のせいで行ズレする ………………………… 94
　⇨ 折り返しを調整する

Excel

04 グラフがやぼったい ……………………………… 96
　⇨ 初期設定から要アレンジ

05 情報抽出が終わらない …………………………… 98
　⇨ 定番関数で時間短縮

06 印刷が途切れる …………………………………… 100
　⇨ 改ページプレビューで区切る

PowerPoint

07 1枚の文字量が多い ……………………………… 102
　⇨ フォントと余白でスッキリ！

08 テンポが悪い ……………………………………… 104
　⇨ 文字を隠して「気にならせる」

09 つまらないと言われる …………………………… 106
　⇨ 動きがあると興味が続く

もう1歩先に！
伝わるマインド＆極意

01　良い広報は苦情が減る ……………………… 110
02　嫌なことは紙に書き起こす …………………… 112
03　面倒なことは手間をかける …………………… 114
04　広報にこそプロ意識を ………………………… 116
05　ユニバーサルデザインの考え方 ……………… 118
06　1枚の写真が人生を変えた話 ………………… 120
07　広報はラブレター ……………………………… 122
08　一人ひとりの広報力が日本を変える ………… 124

第1章

○×でわかる！
住民に伝わるデザイン

お役所からの通知書やチラシ、ポスターなどは堅いデザインが多く、とっつきにくいものです。しかし、ちょっとした工夫をするだけで、住民の興味を惹き、理解を深めることができます。なぜ伝わらないものになってしまうのか、原因と改善策を○×で探っていきましょう。

通知文　Q&A方式できちんと伝わる

一方的に説明している

言葉ばかりになると、理解するのに疲れてしまいます。パッと見てメリハリがないと、読む気持ちになりません。

やってはいけないポイント

- 行間が空きすぎて間延びする
- タイトルが2行で長い
- 文章だけで説明している
- 一目で結論とはわからない文章
- 余白が多すぎる

＜介護保険料特別徴収（年金天引き）の仮徴収と本徴収について＞

介護保険料は住民税の課税内容によって決定しております。そのため、住民税が決定するまで、介護保険料も決定できません。住民税が決定する時期が6月となります。それに伴い介護保険料の決定は、7月になります。

決定した後の年金天引き開始の10月まで年金天引きしないと、10・12・2月の3回で徴収することになり、1回の負担が大きくなってしまいます。

1回の負担を小さくするために、4・6・8月に仮徴収を行い、年間をとおして平均になるようにします。この仮徴収の金額は、2月の年金天引き金額を基に、4・6・8月の金額を徴収します（ただし、6月・8月の金額が変更になる場合もあります）。

10月・12月・2月の3回だけの徴収方法と比べ、仮徴収を行うことで、1回の負担額が小さくなります。このように、介護保険料額決定前の4月・6月・8月に徴収することを「仮徴収」といいます。また、介護保険料決定後の10月・12月・2月に徴収することを「本徴収」といいます。

そのため、8月と10月の金額が変わってしまい、実際には年額が少なくなっていたとしても、保険料が上がったと思ってしまうことがあります。

Part1 ○×でわかる！住民に伝わるデザイン

Q&A形式にしてスッキリ！

Q&Aの形にすると、頭にスッと入ってきます。さらに表でパッと見て数字の変化が理解できるようにデザインしましょう。

ここが伝わるポイント

介護保険料の年金天引き
（仮徴収と本徴収）

介護保険料は住民税決定後に確定します。住民税額決定は6月のため、介護保険料額確定は7月になります。年金は年6回ありますが、そのうち前半の3回に仮に徴収しないと、一度の天引き額が大きくなってしまうため、「仮徴収」を行います。

Q. 10月の介護保険料が上がったのは、なぜ？

前年より、介護保険料が下がったはずなのに、10月の介護保険料が上がった。賦課誤りではないか？

A. 徴収内容によって毎年変化するからです

解説　平成28年度の年額＝48,000円
　　　平成29年度の年額＝43,200円　の場合

■平成28年度

仮徴収	27年 4月	9,000円
	27年 6月	9,000円
	27年 8月	9,000円
本徴収	27年10月	7,000円
	27年12月	7,000円
	28年 2月	7,000円
合計		48,000円

■平成29年度

仮徴収	28年 4月	7,000円
	28年 6月	7,000円
	28年 8月	7,000円
本徴収	28年10月	7,400円
	28年12月	7,400円
	29年 2月	7,400円
合計		43,200円

もし仮徴収をしない場合、43,200円を3回で徴収することになります。一度の金額が大きくなるため、「仮」に前年の本徴収額を平成29年度の仮徴収額とすることで、一度の負担を軽減しています。年額は低くなっても、8月と10月で差が出るのはこのためです。

29年度保険料　29年度仮徴収　29年度本徴収　本徴収の一度の天引き額
43,200円 − 21,000円 = 22,200円　22,200円 ÷ 3 = **7,400**円

- 住民目線の質問型導入で興味がそそられる
- 答えが一言でわかりやすい
- 計算方式なので根拠が納得できる
- 黒地に白字でくっきり目立つ見出し
- 要点をまとめた簡素な前文で前提がわかる
- 質問の内容が具体的で共感できる
- 単位が小さく数字がパッと目立つ
- 表の説明が表の下に入っていて流れがわかりやすい

11

チラシ　一瞬で興味を惹きつける方法

伝える順位がバラバラ

一番伝えたいことがパッと見てわかりません。また余白にイラストを入れてしまうと素人っぽさが出てしまいます。

やってはいけないポイント

- 制度名をメインの見出しにしている
- 色覚障害者や高齢者のことを考えていない配色
- 読みにくい斜めの囲いや文字
- 左右の余白が少ないゆえの窮屈さ

- 読み手に不必要な情報
- 空きスペースだからと入れた目的のないイラスト
- ふざけた印象のポップ体
- 情報がまとまっていない
- イラストを多用する

12

Part1 ○×でわかる！住民に伝わるデザイン

住民の知りたい情報を大きく

高齢者にパッと意味がわかるよう、写真をメインに。メリットは1万円還付、対象は75歳以上とわかるように文字を大きくして優先順位をつけます。

ここが伝わるポイント

- 上下左右に十分な余白があり、全体がスッキリまとまっている
- 興味を惹くキャッチコピー
- メリットを強調すると読む気になる
- 制度名は住民にとって不要なので優先順位が低い位置になっており◎
- 免許の情報だと一目でわかる写真
- 対象者が一目でわかる大きな表示
- 制度の概要が短くまとまっている

運転に自信、ありますか。

免許返納で 最大 **10,000**円を還付

75歳以上

75歳以上で運転免許証を自主返納し、運転経歴証明書をお持ちの○○市在住者で、バスやタクシーを利用した費用を最大1万円還付する制度です。

対象 ○○市在住の75歳以上で平成○○年○月○日以降に運転免許を自主返納した人

支援内容 最大1万円を還付（1人1回限り）※自主返納日以降の領収書が必要。
❶運転経歴書申請手数料／❷市長が指定するバス回数券の購入
❸交通系ICカードへの入金、購入／❹タクシーの利用
❶から❹を合算で1万円を超えれば1万円を還付。（単独可）

高齢者運転免許証自主返納支援制度
申込方法・問い合わせ　○○市○○○○課　☎○○○-○○-○○○○

ポスター 一目で「これは！」と思わせる

パッと見て「ダサい」

色の統一感がなく、ワードアートやポップ体を使っているために、安っぽく感じます。囲いはごちゃごちゃした紙面になり、ポスターでは特に汚くなります。

やってはいけないポイント

- 安っぽい印象のポップ体
- ダサくて見にくい文字の反射
- ダサくなりがちなワードアート
- 若い人向けの紙面で明朝体
- 統一感のない印象になる穴埋めのイラスト
- 紙面に圧迫感を与える囲い
- 小さすぎる日時

Part1 ○×でわかる！住民に伝わるデザイン

人が人を訴求する！

人を登場させ、日時を明確に示します。心に残るキャッチコピーを大きく、最低限の情報をまとめましょう。若者向けなら、ウェブに連動させる仕掛けを！

ここが伝わるポイント

- 料理をしている大人＝参加者のイメージが大きく目に入る
- 心をつかむキャッチコピー
- メインの色が決まっている統一感のある配色
- 前文はシンプルに
- 会場と申込方法がすぐにわかる
- 日時が一目でわかる
- 詳細がWEBにまとまっているので紙面がごちゃごちゃせず、見やすい

プレスリリース　5W1Hを徹底

印象に残らないデザイン

記者の目にパッと印象が残る「タイトル」「写真」を配置しないと、数あるリリース文の中から選択される可能性が低くなります。

やってはいけないポイント

- タイトルが明朝体
- 太文字だけで前文と差別化する
- 無駄な囲い
- 写真が歪んでいる
- 本文と位置が合っていない
- 左右の位置が合っていない

Part1 ○×でわかる！住民に伝わるデザイン

パッと見てすごさがわかる

どんな内容か一目でわかるように太字で大きなタイトルに。写真を有効に使うことで、見た目も重視します。「本文は簡素に」が鉄則！

ここが伝わるポイント

サブタイトルで、この1枚の全容がつかめる

下地が黒いので画像が引き立っている

【 】を使った小見出しがあることでスッキリまとまっていて見やすい

タイトルが太文字のゴシック体で見やすい

「一番」「初」が入っていると興味を惹きやすい

5W1Hのはっきりした前文

担当者名があるので問い合わせしやすい

数値資料　色を増やさずシンプルに

初期設定のままは×

数値資料で大切なのは、パッと見て、数字や割合が理解できることです。エクセルなどの初期設定のままでは、見づらいものになります。

やってはいけないポイント

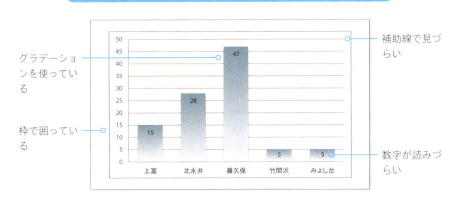

- グラデーションを使っている
- 枠で囲っている
- 補助線で見づらい
- 数字が読みづらい

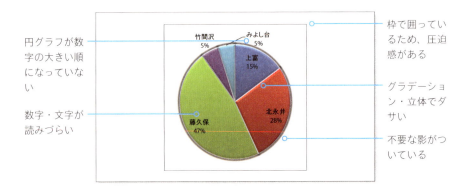

- 円グラフが数字の大きい順になっていない
- 数字・文字が読みづらい
- 枠で囲っているため、圧迫感がある
- グラデーション・立体でダサい
- 不要な影がついている

Part1 ○×でわかる！住民に伝わるデザイン

数字と割合がパッとわかる

グラデーションを使わず、単色で濃度を変えてシンプルに。数字は大きく、単位は小さくすることで、数字が浮き上がってきます。

ここが伝わるポイント

- 目盛の単位が最小限で見やすい
- 補助線がないので見た目がスッキリ
- 枠がなく窮屈さがない
- 色が単色で見やすい
- 数字が大きく単位は小さく
- 数字の色が少し薄いと一目で情報が受けとれる

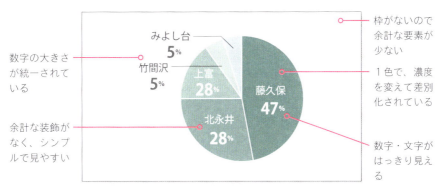

- 数字の大きさが統一されている
- 余計な装飾がなく、シンプルで見やすい
- 枠がないので余計な要素が少ない
- １色で、濃度を変えて差別化されている
- 数字・文字がはっきり見える

ホームページ

文字の羅列は NG

アップすることが目的に

文字ばかりだと、見たいという気持ちがなくなります。パッと見てその内容がわかるような工夫をしていないと、まったく伝わりません。

やってはいけないポイント

読み手がクリックする気になる工夫をしていない

各号が差別化されていない

単調な文字の羅列で内容がつかめない

PDFファイルだけでは中身がわからずイメージがわかない

Part1 ○×でわかる！住民に伝わるデザイン

パッと見て内容がわかる

小さい画像を使い、パッと見てどんな内容かがわかるように工夫をします。PDFを開く手間を省くことも住民サービスです。

ここが伝わるポイント

- パッと見てどんな内容かわかる
- 目当ての号が見つけやすい

- サムネイルがあると自分が興味のある内容かが一目でわかる
- PDFファイルを開かなくても内容をパッと把握できる

SNS 情報を絞り込む

欲張るとごちゃごちゃに

SNSでは、タイムライン上でたくさんの情報が流れてきます。目にとまる写真を厳選しないと、何を伝えたいのかがわからず、見てもらえません。

やってはいけないポイント

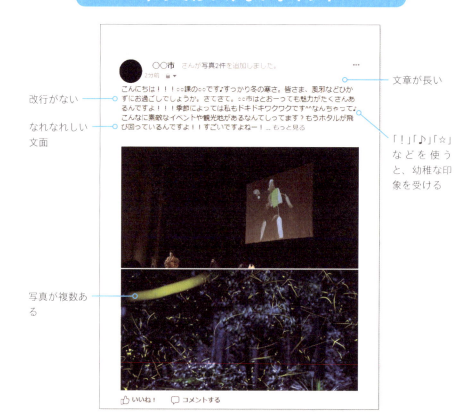

- 文章が長い
- 「！」「♪」「☆」などを使うと、幼稚な印象を受ける
- 改行がない
- なれなれしい文面
- 写真が複数ある

Part1 ○×でわかる！住民に伝わるデザイン

厳選した1枚のみ発信

写真は1枚！　投稿は1日1回だけ。最初の3行が勝負です。改行とスペースを使いましょう。■や【】で見出し化をすると見やすいです。

ここが伝わるポイント

- 【】で囲うことでタイトルが強調されていて興味を惹かれる
- 文章が写真の補足程度だとスッキリする
- 詳細がリンク先でわかる
- 写真1枚に絞る
- 引きではないアップの写真やインパクトのある1枚で興味が湧く

23

広報紙表紙　「若い人が興味を持つ」基準

文字ばかりで敬遠される
表紙に文字をたくさん使ってしまうと、手に取って読んでみよう！という気持ちになりません。

やってはいけないポイント

- 古臭いイメージ
- 若い人が身構えてしまう堅さがある
- 人が登場していない
- 写真が紙面全面を使っていない
- 24ページ以内の冊子なら目次は必要ない

Part1 ○×でわかる！住民に伝わるデザイン

全面に写真を使うと◎

広報紙の表紙はその自治体の顔。写真を全面に使います。本屋に陳列していてもおかしくない表紙のデザインをめざしましょう。

ここが伝わるポイント

- テーマカラーが一色でオシャレ
- 目次ではなく、特に住民の興味を惹きそうな話題にしぼってトピックにまとめる
- 若い人が興味をもちやすいローマ字のロゴ
- 自治体の魅力がパッと伝わる写真が全面に使われていてインパクトがある
  ※この写真は三芳町の野菜でできた髪飾りとブーケなど、三芳町ならではのもので構成されています
- 脳裏に焼き付くキャッチコピー

25

広報紙紙面

読む気にさせる工夫

縦書きは読む気にならない

お知らせ情報は文字ばかりで、退屈なものになりがち。縦書きにすると、折り返しが増え、パッと一目で伝わりません。

やってはいけないポイント

- 縦書きと横書きの混在
- 安っぽい印象になるポップ体
- 縦書きのお知らせ情報は、折り返しが多く、読み手が疲れてしまう
- 行間を広く取る必要があるので、縦書きだと伝えられる情報が減る

26

Part1 ○×でわかる！住民に伝わるデザイン

横書きにするとわかりやすい！

横書きにし、文字だけでなく、写真やピクトグラムを使うことで、パッと見てどんな内容かをイメージすることができます。

ここが伝わるポイント

横書きなので行間が詰まっていても読みやすい

ピクトグラムで事業がパッとイメージできる

写真だけでパッとどのような内容かが理解できる

第2章

一目で伝わる！「見せ方」のコツ

なんとなく作ったものを見たときに「なにか違うな」と思ったことはありませんか。そのままでは住民に伝わらず、せっかく作ったものが無駄になってしまいます。パッと見て「いいな」と思うデザインにはコツがあります。簡単なルールを覚えるだけで、劇的に「センスの良い」デザインになります。

01 使う色は絞るとスッキリ！

● **カラーだからと色を多用するのは×**

　チラシやポスターを作るときに、せっかくフルカラーだからと、色を多用していませんか。しかしそれは、読む人の気持ちを考えていない証拠です。

　例えば、「自然豊かなまちだから緑を使おう」という発想は自分の都合で色を選択しているに過ぎません。相手に伝わることを意識すれば、「この内容で一番伝わりやすいのはこの色」となるはずです。

● **バリアフリーを意識して色に配慮を**

　平成28年4月に「障害者差別解消法」が施行され、私たち公務員は、民間企業以上にバリアフリーが求められるようになりました。それは、通知書やチラシなどにも言えることで、障がい者に配慮して色を選択しなければならないのです。

　また、紙面で色を多用すると目がチカチカして、内容に集中できません。一言で言うと「ダサい」です。チラシやポスターは、メインの色を決め、その色の濃度を変えるだけで、スッキリ見えて、劇的に伝わる紙面に生まれ変わります。

Part2 一目で伝わる！「見せ方」のコツ

予算を伝える広報紙面

✕ 色を多用してしまう

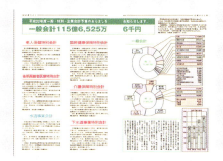

▶ ごちゃごちゃ していて わかりにくい

○ 色は濃度を変え、色数を最小限に

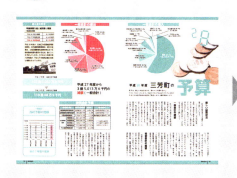

▶ スッキリして 読みやすい

👍 POINT

赤や緑は使い方が難しいのでメインでの使用は控えましょう。
上品で清潔なイメージを与えるコバルトブルーがおすすめです。

02 見にくい色使いに要注意！

● 色覚障がいを持つ方に配慮する

　色覚に障がいのある人は、日本では男性の約20人に1人、女性の約500人に1人と言われています。中でも、赤や緑が黄色系の色に見える人が、色覚障がい者の約99％を占めています。
　自治体が発行する印刷物やインターネットなどで情報発信をする際には、そのことを念頭に、見る側の立場に立ってデザインすることが必要です。

● 高齢者は明度差がないと見づらく感じる

　高齢者は白内障などで、目がかすむ、明るいところで物が見にくい、物が二重に見えるなどの症状が現れます。
　多くの人にとっては、白地に黄色は見分けづらく、また、高齢者になると黒と紺の識別が難しくなります。
　このように、明度差（明るさと暗さの差）の少ない色の組み合わせは見づらい人がいます。白地の場合は黒や濃い色を使うように、下地の色が濃い場合は白地や淡い色を使うように工夫しましょう。

Part2 一目で伝わる！「見せ方」のコツ

例 見づらい配色を見やすくする工夫

✕ 思いやりのない配色とデザイン

- 読みにくい配色
- 読みにくい配色
- 読みにくい配色
- 読みにくい配色

▶ 見づらいだけでなく色覚障がい者や高齢者のことを考えていない

〇 文字に縁取りや明度差をつける

- 読みやすい工夫
- 読みやすい工夫
- 読みやすい工夫
- 読みやすい工夫

▶ 文字に白や黒で縁取りを付けたり、明度差をつけたりすると見やすくなる

👍 POINT

色覚障がい者は濃い赤と黒、紺と紫、緑と赤、黄緑とオレンジなどが見分けづらく、高齢者は紺と黒、白と淡い黄色など明度差のない色が見分けづらいことを、しっかり認識しましょう。

03 写真は大きい1枚で印象的に

● 写真で視覚に訴える

　チラシや資料を作るときに、直感的に理解や興味を持ってもらうためには、写真を有効的に使う必要があります。

　興味を持ってもらうために、あれもこれもと写真をたくさん使ってしまうと、ごちゃごちゃして美しくありません。

　1枚の写真で説得力を持たせる必要があります。

● イメージに合った写真を

　紙媒体だけでなく、WEBサイトでも写真は使われます。その場合も同様に、1枚の写真で完結するように心がけます。WEBで使う写真は興味を惹かせることに重点を置き、インパクトのあるものを使います。

　通知書や資料も、そのイメージに沿った写真を1枚選びメインに使います。例えば、税の申告であれば電卓と鉛筆、申告用紙などを写真に撮って使うと、パッと申告についての情報だと理解してもらえます。

　可能であれば「人」を登場させるとよいでしょう。人に訴求するには人が一番有効なのです。

Part2　一目で伝わる！「見せ方」のコツ

イベントや告知用のチラシ

✕ 写真をたくさん使い過ぎる

 ▶ 写真が多すぎて、
1枚1枚に訴求力がない

◯ 一枚の写真でインパクト大

 ▶ インパクトの強い
1枚で目を惹きつける。
色はシンプルだと◎

👍 POINT

1枚の写真を活かすには、キャッチコピーがしっかりしていると、よりインパクトを与えることができます。

04 笑顔を引き出す写真の撮り方

● 「ハイチーズ」は×

　公務員もイベント時や記録用に写真を撮る場面があります。そのとき、つい「ハイチーズ」と言ってシャッターを切ってしまうと、相手が緊張してしまい、よい表情をとらえることができません。

　そこで、年代に合った話題をふり、会話をしながら撮影します。例えば、高齢者には孫の話題を、子どもには「昨日のアンパンマン観た？」などと声をかけ、表情が和らいだときにシャッターを切るのです。

● **集合写真は9割が下準備で決まる**

　集合写真を撮影するときは、自分が高い位置から撮影できるように準備をすることが重要です。椅子か脚立を必ず用意します。

　撮影では、1列目は座るか中腰になってもらいます。1列目と2列目は密着するのではなく、思った以上に距離を置くと、2列目の顔が隠れにくくなります。顔が隠れている場合はしっかり指示します。

　シャッターを切るときはやはり会話をします。中心人物を「いじる」と場が和まり、自然な表情を撮影できます。また、目を閉じている人がいる可能性があるので、多めに撮影しましょう。

Part2 一目で伝わる！「見せ方」のコツ

例 笑顔をとらえる方法

✕ 「ハイチーズ」で撮影

▶ 表情が硬い

◯ 会話をしながらシャッターを切る

▶ 自然な笑顔になる

👍 POINT

写真を撮るときは、自分がプロのカメラマンになった気持ちでシャッターを切りましょう！

05 「ピクトグラム」で直感的に伝わる！

● 子どももパッと見てわかる工夫

　人間の得る情報は、8割以上が視覚からの情報だと言われています。直感的に理解してもらうためには、視覚的に情報を伝えると、より効果的になります。
　例えば、文字を読むことができない子どもに情報を伝えるとき、絵を描いて説明すると理解されます。それと同じく「ピクトグラム」を使うと、紙面作りに役立てることができます。

● ピクトグラムはユニバーサルデザイン

　ピクトグラムはユニバーサルデザインの1つです。誰でも差別なく情報を知る／伝える必要があり、それを設計することを「ユニバーサルデザイン（UD）」と言います。
　特に自治体は、文字が読めない子どもや視力の落ちたお年寄りにも、隔てなく情報を伝える必要があるため、ユニバーサルデザインを積極的に活用しなければいけません。
　ピクトグラムを使うと直感的にわかるだけではなく、文字数が減り、紙面の余白を作ることにも繋がるので、有効的に使いましょう。

Part2 一目で伝わる！「見せ方」のコツ

例 介護サービスの案内

✕ 文字で説明する

介護サービスでは、日常生活の自立を助けるための福祉用具（車いすなど）を貸与します。

▼

パッと見てわからない

○ すぐ見てパッと理解できる

介護サービス福祉用具貸与

▼

直感的に介護と車いすのこととわかる

👍 POINT

ピクトグラムを提供しているフリーサイトを活用しましょう。
【HUMAN PICTOGRAM2.0】 http://pictogram2.com/
【ICOON MONO】 http://icooon-mono.com/

06 余白は写真だと惹きつけられる

● 「スペースがあるからイラスト」は×

　「スペースがあって物足りないから」と挿絵やイラストを安易に入れると、紙面がごちゃごちゃするだけでなく、何を伝えたいのかがわかりにくくなります。
　よく見かけるのは、自治体のマスコットキャラクターやゆるキャラを余白に入れるケースです。その事業にまったく関係がないイラストを入れてしまうのは、読む人のことを考えていないからです。

● 写真を使ってクオリティーアップ

　余白やスペースがある場合、イラストの代わりに写真を使いましょう。紙面の内容と関係のある写真を選ぶことで、パッと見てわかるようになります。
　どうしても写真も入れることができないときは、シルエットかピクトグラムを使います。それも難しい場合は、無理にイラストを入れずに、タイトルを大きくするなど、文字で埋めるようにします。
　「余白がもったいない」「スペースがあって物足りない」と考えるのではなく、「読み手がどう感じるのか」を考えるようにしましょう。

Part2 一目で伝わる！「見せ方」のコツ

例 ホームページのバナー

✕ イラストを使う

イラストを使うとごちゃごちゃする

◯ 写真を使う

クオリティが上がる

👍 POINT

フリーで高品質の写真が使える「ぱくたそ」は非常に便利です。
https://www.pakutaso.com/

07 見出しの「囲い」は四角で落ち着く

● だ円など癖のあるもので囲わない

　資料でよく使う「囲い」。角の丸い四角やだ円などさまざまな形がありますが、原則使用するのは「四角」です。
　なぜだ円を使うのかを聞くと、「四角だと堅い感じがするから」と言う人がいますが、それは大きな誤りです。
　歪んだ円は見た目が悪いだけでなく、文字と囲いの間の余白が少なくなり、圧迫感を与えてしまいます。

● 角を過度に丸めない

　角の丸い四角を使う場面がよくあります。ここで注意するのは、丸くし過ぎないことです。見た目が悪いだけでなく、角と文字との距離が近くなり過ぎ、バランスも悪くなってしまいます。
　角を丸くするメリットもあります。例として、柔らかい印象を紙面に与えたいときに有効です。その場合は、角を過度に丸めずに、ほんの少しだけ丸くすると、バランスのよい囲いになります。
　また、囲いを多用すると、全体的に圧迫感を与えてしまいますので、使用は最小限にするとよいでしょう。

Part2 一目で伝わる！「見せ方」のコツ

 制度の案内や告知

✗ 角が丸すぎる

> 地元を元気にしませんか？ふるさと納税のお知らせ
> 不明な点がありましたら、下記までご連絡ください。
> 問い合わせ：〇〇〇〇〇課

▼

見た目が悪く、品がない

○ 丸みは最小限、だ円は使わない

> 地元を元気にしませんか？ふるさと納税のお知らせ
> 不明な点がありましたら、下記までご連絡ください。
> 問い合わせ：〇〇〇〇〇課

▼

見た目がスッキリし、読みやすい

👍 **POINT**

写真の角を丸くするのも、見た目が悪くなるのでやめましょう。

08 表の罫線は細いほど見やすい

● 見やすい表＝伝わる表

　報告資料や住民のリストなどで表をよく使います。住民に対しての通知でも、納付方法や所得段階の説明などでよく使われますが、見やすい工夫をしていないケースが見られます。

　パッと見て「見やすい」と思う表は、伝わる表です。ただでさえ内容が堅いのに、表が見にくいと理解する気がなくなってしまうおそれがあります。伝わりやすい表になるよう、一工夫をしましょう。

● 罫線は細く、色は薄く

　表を作るとき、罫線（枠線）を使いますが、プリントアウトすると線がハッキリしすぎて、数字がわかりにくいことがあります。また、どこが見出しかわからず、見ている途中で表のどこに注目しているのか迷子になることも少なくありません。

　こうした状況を改善するには、「罫線を細くする」ことが鉄則です。エクセルの場合、点線にする方法も有効です。また、1行ごとに薄い背景色を入れることで、どこを見ているのかがわかりやすく、読み手が迷子になることを防ぐことができます。

Part2 一目で伝わる!「見せ方」のコツ

数値をまとめた表

✗ 罫線が太く、内容も伝わりにくい

平成28年 退職者数	事務職	技術職	保育士	技能 労務	合計
定年退職	10	2	1	1	14
勧奨退職	4	1	1	―	6
自己都合 退職等	4	3	―	―	7
退職者計	18	6	2	1	27

▼

メリハリがなく、のっぺりしている

○ 罫線を細く、色を有効利用

平成28年 退職者数	事務職	技術職	保育士	技能 労務	合計
定年退職	10	2	1	1	**14**
勧奨退職	4	1	1	―	**6**
自己都合 退職等	4	3	―	―	**7**
退職者計	**18**	**6**	**2**	**1**	**27**

▼

行と列がハッキリして、目線が迷子にならない

👍 POINT

表内の数字は原則右揃えにします。右に寄り過ぎても気持ち悪いので、余白を調整しましょう。

09 癖のない書体なら誰でも読みやすい

● **書体でイメージが決まる**

　相手に「読みたい」「読みやすい」と思ってもらうために重要なのは書体選びです。例えば、スーパーで目を惹く「大特価○○円」の文字は、ポップ体を使い「安い」イメージを与えています。

　したがって、住民向けのお知らせ通知や謝罪文にポップ体を使ってしまうと、「安っぽい」「ふざけている」と受け止められてしまうおそれがあります。ポップ体は使わないほうがよいでしょう。

● **細い文字は読みやすい**

　長い文章には「明朝体」がおすすめです。ゴシック体も細い書体を使えば、長文でもストレスなく読むことができます。

　ただし、太い書体（Bold）にすると明朝体を使うメリットが無くなってしまうので注意が必要です。「高齢者が読みやすいだろう」と考え、むやみに文字を太くしたり文字サイズを大きくしたりすると、圧迫感が出てしまい、逆に読みにくくなってしまいます。

　細い文字にすることで、紙面に余白が増え、結果として「読みやすい」「読みたくなる」紙面になるのです。

例 謝罪文・お詫びの文章

✗ 適当に書体を選んでしまう

■書体：HG創英角ポップ体
このたびは、ご迷惑をおかけして大変申し訳ございませんでした。

▼

説得力がなく、ふざけている印象になってしまう

◯ 目的に合った書体を選ぶ

■書体：MS明朝
このたびは、ご迷惑をおかけして大変申し訳ございませんでした。

▼

落ち着いたイメージの明朝体で、しっかりした印象を与える

👍 POINT

読みやすく、理解してもらいやすくするためには、「場面に適した書体を使う」ことが基本です。

10 明朝体とゴシック体で印象が変わる！

● 信頼の「明朝体」

　小説などでよく使われる明朝体は、文字の横棒が細いという特徴があります。そのため、文字数が多くても圧迫感なく可読性を保つことができ、縦書きの文章に向いています。

　また、落ち着いたイメージがあるため、高級感を出したい場合や女性向けの内容の場合に適しています。契約書などの信頼感が必要な文書を作るときにも、明朝体を使うとよいでしょう。

● 力強さの「ゴシック体」

　書体選びに迷ったら「ゴシック体」を選びましょう。WEBサイトのほとんどで使われているように横書きに適しています。文字の太さが均一なので、力強い印象を与えます。モダンな雰囲気や、男性向けの内容の場合に適しています。また、タイトル・見出しで使うと効果的です。

　さらに、ハッキリした書体なので、小さな文字でも読みやすく、注釈などで有効に使うことができます。表に使用する書体としても、数字が読みやすいゴシック体がよいでしょう。

Part2 一目で伝わる！「見せ方」のコツ

例 まちのキャッチコピー

明朝体で作ってみる

■書体：MS明朝

トカイナカ、三芳町。

▼

落ち着いた雰囲気で高級感がある

ゴシック体で作ってみる

■書体：HG創英角ゴシックUB

トカイナカ、三芳町。

▼

パッと目につき、力強い印象

👍 **POINT**

静かな雰囲気のものは「明朝体」、力強いものは「ゴシック体」と使い分けましょう。

11 情報の順位を決めるとわかりやすい

● タイトル＞小見出し＞本文

　お知らせ通知には、必ずタイトルと本文があります。また、内容を区切るため、小見出しを入れることも多くあります。

　これら全てが同じ大きさ・太さだと紙面に緩急がなく、のっぺりしてしまいます。パッと見て知りたい情報がすぐにわかるようにするには、紙面に強弱をつける必要があります。

● タイトルは大きく太くする

　タイトルだとパッと見てわかるようにするには、文字を大きく太くします。このときに大切なのは、太字にする機能を使うのではなく、元から太い書体を選択することです。太字にする機能を使うと、出力したときににじんでしまうおそれがあるからです。

　例えば「MSゴシック」を太字にする場合、「HGS創英角ゴシックUB」を使用します。あらかじめ太字として作られた「○○ゴシックB」「○○ゴシックUB」などを選ぶことで、見やすい太字が印字されます。

例 掲載広告の募集

✕ 文字の大きさが全て同じ

広報みよし有料広告募集
広報みよしに広告掲載希望の企業を募集しています。
広告の規格
1区画…○○○○円

▼

強弱がなく、のっぺりしている

○ メリハリをつける

広報みよし有料広告募集

広報みよしに広告掲載希望の企業を募集しています。
広告の規格
■1区画…○○○○円

▼

タイトルや見出しが一目瞭然！

👍 POINT

書体の大きさを変えるだけではなく、太くすることでも紙面にメリハリが生まれます。

12 漢字は大きく、ひらがなは小さく

● ひらがなを小さくするだけ

　タイトルが、どうしても長くなってしまうときがあります。そのとき、安易に全ての文字を小さくするのではなく、ひらがなだけ小さくしてみるとよいでしょう。

　これはテレビの字幕などでよく使われる手法で、漢字を大きくしてひらがなを小さくすると、直感的に言葉を理解することができます。

　この手法を活用するだけで、印象がガラリと変わります。

● 手書きに応用して美文字に

　手書きで文章を書く機会も多くあります。そのときにも、意識をしてひらがなを小さくするだけで、「美文字」に生まれ変わります。

　ストレスなく文章を読むために必要な要素の一つに「リズム」があります。漢字とひらがなに強弱をつけることによって、読み手はリズムよく文字を目で追うことができます。

　ほんのちょっと変化をつけるだけで、素人っぽさのないタイトル、文章になりますので、ぜひお試しください。

Part2 一目で伝わる！「見せ方」のコツ

 イベントチラシのキャッチコピー

✕ 文字に強弱がなく平坦

味も笑顔も世界一
食べて歩いて健康長寿

▼

読み手がリズムを刻めない

◯ 漢字を大きく、ひらがなを小さく

味も笑顔も世界一
食べて歩いて健康長寿

▼

漢字が浮き出てイメージしやすくなる

👍 POINT

ひらがなを小さくした分、スペースに余裕ができ、見た目もスッキリします。

13 数字＞単位で スッキリ見せる

● 数字を大きく、単位を小さく

　資料や通知書などに、パーセンテージや金額を載せることがよくあります。また、チラシやポスターなどでイベントの開催日時を案内するときにも、必ず数字が使われます。

　仕上がりを見て「何かイマイチだな」と思ったら、ひょっとしたら数字と単位が同じ大きさになっているからかもしれません。強弱をつけるとガラリと印象が変わります。

● 受け手は「数字」をとにかく知りたい

　受け手は「数字」に興味があるので、そこを強調することが効果的です。例えば、イベントのポスターをパッと見たとき、まず目が行くのは開催日時です。その日が空いていなければ、参加することができないからです。

　また、グラフを使った資料でも、数字を大きく、単位を小さくすることで、伝わりやすく、スッキリした印象を与えることができます。さらに数字を太くすることで、より強調されます。

　受け手に配慮した優しいデザインを心がけましょう。

Part2 一目で伝わる！「見せ方」のコツ

資料や告知での数字表現

✕ 数字と単位の間で強弱がない

7月2日（月）
500円
60回目

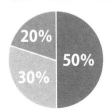

▼

単調で数字が頭に入ってこない

◯ 数字を大きく、単位を小さく

7月**2**日（月）
500円
60回目

▼

数字が強調され、すぐに伝わる

👍 POINT

単位のサイズを小さくするだけで、印象が劇的に変わります。

第3章

誰もが読みやすい！「書き方」の基本

「お役所言葉」と揶揄されるくらい、自治体の説明文は専門的で、制度内容などが理解されにくいものです。しっかり理解されないと誤解を生み、住民サービスの低下に繋がります。伝わる「書き方」にはルールがあります。それさえ押さえておけば、頭にスッと入ってくる説明ができるので、住民の共感が得られます。

01 3原則を押さえるだけで伝わる文章に！

● ゴールを考える

　住民への通知書を作る目的はなんでしょうか。届けることは手段であり、読んで理解をしてもらうことが目的＝ゴールです。どのようなデザインにすれば手に取ってもらえるか、どんな文章や説明であれば理解してもらえるかを考えることが、伝わる文章の大原則です。

● 結論から書く

　「〜ですか？」と聞かれた場合、答えは「はい」「いいえ」です。しかし、お役所の文書や回答の多くは、「はい」「いいえ」の結論が一番最後になっています。住民が一番知りたいことは法律やルールではなく「結論」です。冒頭に結論を書き、その後の説明で裏付けをすることで、理解を深める文章や説明になります。

● 味付け

　お役所の文書は専門用語や普段使わない言葉のオンパレードです。アリバイ作りの通知書や説明を住民は求めていません。しっかりと伝えるためには、中学生にも理解できる言葉を選択し、パッとわかるキャッチコピーを考えるなど、味付けしていくことが必要です。

Part3 誰もが読みやすい！「書き方」の基本

例 イベント中止のお知らせ

✕ 3原則を考えない

本日開催予定でした「○○○○会」は、先日からの大雨の影響で、現場が大変ぬかるんでいて、転倒のおそれがあり、大変危険であると判断し、中止させていただくことになりました。

▼

結論までが長く、読んだ人はどうすればよいのかわからない

○ 伝わる3原則を意識する

来場者の安全を最優先し、本日開催予定だった「○○○○会」を中止します。ご了承ください。

▼

3原則を駆使してパッと伝わる文章＆言葉に

👍 POINT

何のために通知書や内部文書を作るのでしょうか。作ることはゴールではなく「手段」です。忘れないようにしましょう。

02 「ゴール」がハッキリするとわかりやすい

● 起案や通知書は誰が見るのかを考える

　書類・資料と一口に言っても窓口説明用文書、通知書など用途は多種多様です。誰に見てもらうのか、相手にどう思ってほしいのかまで考え、ゴールを設定してから作り始めることが鉄則です。

　例えば、納付書には「税のしくみ」「口座振替申請書」を添付しますが、住民税の計算方法や記入例を紹介するだけでは、目的がわからず、せっかく書類を作った意味がありません。

● ゴール設定で相手の共感を生み出す

　口座振替申請書のゴールは納付書払いから口座引き落としにすることです。滞納すると差し押さえられたり、行政サービスが受けられなくなったりと大変ですが、口座振替にすれば納付忘れがなく安心であることを説明します。

　ゴールをまず設定し、住民に共感してもらうプロセスが大切です。起案や通知書も同様で、読む人がどう受け止めるのかまで考えながら作るように心がけると、伝わりやすくなります。

例 納付書の添付書類

✗ 目的を持たず、いきなり説明し始める

個人県民税は、課税や納税のしくみが個人町民税と同じですので、個人町民税とあわせて賦課（課税）徴収します。

▼

一方的な説明だけではゴール（納付）に導けない

○ ゴールを考え、相手の共感を生む

納付された税金は、ゴミ収集や医療費など、生活や命に関わるものに使われます。納付が滞ると、差押えなどの行政処分が行われる可能性があります。

▼

目的が明確になりわかりやすくなる

👍 POINT

書類・資料を作り始める前に目的をどんどん書き出しましょう。対象者を自分に置き換えるとイメージが湧きやすくなります。

03 結論が最初にあると安心する

● 住民は結論を早く知りたい

　伝わりやすい文章は、結論から始まっています。読み手は全ての文章を読むとは限りません。一番大切な情報が届かないとしたら、その文章は無駄になってしまいます。
　最初に結論を書くことで、関心を惹くことができます。タイトルや見出しで売れる本が決まるように、関心を惹くことは重要です。一番大事なことを最初に書くと、読み手は心の準備ができます。
　特に住民は、行政の情報にあまり関心がないため、結論を早く伝えることで、自分事と気付いてもらえる効果があります。

● 結論→理由→まとめの順で書く

　例えば、介護保険料が法改正などで変更されることを通知するとき、変更の理由を説明してから、最後に「介護保険料が〇〇年度から変更されるので、皆さんご協力ください」と締めがちです。
　介護保険の対象は65歳以上なので、簡素に要点を絞る必要があります。まず結論をしっかり提示してから、理由、まとめの順で書くことで、伝わる文章になり、質の高い住民サービスに繋がります。

例 **介護保険料が変更される**

✗ **余談が多く、結論を後回しにしてしまう**

　介護保険制度は、社会全体で支え合うことを目的とした制度ですが、少子高齢化により難しくなってきています。今年度から介護保険料が変更されますので、ご理解ください。

▼

最後まで読まないと何の話かわからない

○ **結論を先に書いてスッキリと**

　今年度から介護保険料が変更されます。利用者の増加等により、介護保険料の見直しをせざるを得なくなりました。皆様のご理解のほど、何卒よろしくお願いいたします。

▼

頭に情報が入りやすくなる

👍 **POINT**

余談が長いと、何を伝えたいのかが不明瞭になってしまいます。一番大切なことを最初に提示する癖をつけましょう。

04 面白いコピーで興味を惹く！

● 「ひらがな」で言葉を書き出す

　パッとわかる印象的なコピーやタイトルを考えるときは、「ひらがな」でテーマに関連する言葉を紙に書き出す方法が有効です。
　例えば「トカイナカ」は三芳町を表現するキャッチコピーです。ヒントは、三芳町が都会から近いにもかかわらず畑が広がる田舎のような雰囲気がある町であることにありました。
　とかい・いなかというキーワードは、言葉の語頭と語尾が重複しています。そこで、重ねて「とかいなか」とし、最後にカッコイイ雰囲気になるカタカナに変えて「トカイナカ」完成です。

● 漢字をひらがなに変える

　漢字をひらがなにし、分解して考える方法もあります。広報紙で農業特集をしたときに考えたコピーも、このやり方で生まれました。
・み…「見」「未」「実」「観」「身」「魅」「美」「味」など
・よし…「吉」「良し」「好し」「善し」「寄し」など
　これらの候補からテーマに合った漢字を選択します。ここでは味・良し→「みよし＝味良し」となり、最終的に「味良しの味力」が誕生しました。

例 「食と健康」のキャッチコピー

✕ ひねりがなく面白くないキャッチコピー

美味しいものを食べて、健康な生活を！

▼

ありふれていて、面白味がない

◯ キーワードをひらがなにして考える

健康…「けんこう」
・けん…「県」「券」「賢」「健」「件」「研」など
・こう…「好」「幸」「公」「考」「耕」「港」など
→ 「賢」「健」と「好」「幸」が使えそうだ　と考えて組み合わせる
→ 「賢好」「賢幸」「健好」「健幸」の候補が誕生

「美味しい健幸生活」「美味しい健好生活」

▼

簡単に印象的なキャッチコピーを作ることができる！

👍 POINT

パッと伝わるためには、文字数を少なくしてシンプルな言葉を考えましょう。

05 脱・お役所言葉で受け入れられよう

● うっかり使う「お役所言葉」

　自分が当たり前に知っていることを、住民が知っているとは限りません。「知っているだろう」と「だろう」で対応をすると、「不親切だ」「横柄な態度だ」と思われてしまいます。

　わからないから問い合わせをしたり、窓口に来たりしているのです。相手が何も知らないという前提で説明することが、丁寧な対応に繋がります。

　普通徴収・特別徴収などのお役所言葉は特に、住民にはわからないので、注意しましょう。

● 中学生でも理解できる言葉を意識する

　例えば、「悪天候が予想されるなど、諸般の事情に鑑み、本年予定していた第○回運動会の開催にあたっては、中止される旨、ご留意ください」と通知したら「いかにもお役所」と思われるでしょう。

　相手を思いやった易しく丁寧な言葉を選びましょう。職員一人ひとりが意識すれば、住民からの信頼を得られます。中学生でもわかるような言葉づかいは、全世代にとってわかりやすいものです。

例 パブリックコメントの説明

✕ 難しい言葉を使ってしまう

パブリックコメントは、行政の重要な施策等の形成に住民の皆さんの意見を反映させることにより、行政の透明性を確保していくとともに、まちづくりを推進していくことを目的とします。

▼

相手を考えないと、一方通行なお役所言葉になる

◯ 要点をまとめて易しい言葉に変換

パブリックコメントは、行政に住民が関わることで、何が行われているかはっきりとわかるようにしながら、大切なことを決めていき、まちづくりを進めることを目的としています。

▼

わかりやすく、伝わる文章になる

👍 POINT

「アジェンダ」や「コンセンサス」などのカタカナ言葉も使わずに、お年寄りでもわかるような言葉を選びましょう。

06 修飾語は上手に使うと引き込まれる

● 長い修飾語は前に持ってくる

　修飾語が多すぎると、伝えたいことの主旨がぼやけてしまいます。
「〇〇さんの家に、お昼を早めに食べてから、訪問調査に行った」という文があった場合、「お昼を早めに食べてから、〇〇さんの家に訪問調査に行った」のように、長い修飾語を前に持ってくることで、わかりやすい文に生まれ変わります。

● 比喩を使うと「おっ！」っとなる

　SNSなどで情報発信をする場合、相手の心を揺さぶり、共感を得ることが重要です。そのときに役に立つのが比喩です。
　例えば、「泣いて悲しんだ」を「悲しみがあふれ、涙が頬をつたった」とすると、静かに涙する情景が浮かびます。
　表現方法を変えると、印象が変わります。ストレートに表現しても間違いではありませんが、目的に応じて修飾語に変化をつけると住民の共感を生む近道となります。行政が発信する情報に興味を持ってもらうため、言葉に変化をつけましょう。

Part3 誰もが読みやすい！「書き方」の基本

例 保護者宛てのお知らせ通知

✕ 修飾語を多用している

栄養バランスを考慮した、とってもおいしい給食を子どもたちに食べてもらえるように取り組んでいる幼稚園、小・中学校で提供される給食は、〇〇給食センターで調理されています。

▼

どんな給食かがわかりにくい

◯ 長い修飾語は分けて、比喩を入れる

幼稚園、小・中学校で提供される給食は、〇〇給食センターで調理。栄養バランスを考慮し、おいしい給食を食べてもらえるように取り組み、子どもたちに笑顔を届けています。

▼

情景が浮かび、住民の共感を得られる

👍 POINT

修飾語が多くなってしまう場合は一度「。」で区切り、文章を短くしましょう。

07 具体例のセットで理解が深まる

● 具体例を挙げるとわかりやすい

　「子育て支援センターでは、さまざまな事業を行っています」。
　これではどんな活動をしているのかが今一つ伝わってきません。では、「さまざま」の前に具体例を挙げてみるとどうでしょう。「子育て支援センターでは、「親子で手遊び」や児童相談などのさまざまな事業を行っています」となり、イメージしやすくなります。
　具体例を挙げることで、住民の理解度が上がり、結果、問い合わせが減り、住民の共感を得ることにも繋がります。

● 例を挙げるだけで、劇的に伝わる！

　伝わる文章のポイントは、具体的に表現することです。
　例えば、「今回のイベントは、トラブルもありましたが、大成功でした」ではなく、「今回のイベントは、突然の雨で一時中断するトラブルもありましたが、前回よりも来場者が多く大成功でした」などと、どんなトラブルがあり、なぜ成功したのかを具体的に提示することで、伝わり方が全然違ってきます。

例 子育てする住民の紹介記事

✕ 抽象的で伝わらない

長い期間、育児休暇を取得しました。知らないまちに引っ越してきて、不慣れな土地で苦労の連続でしたが、子どもとずっとそばにいられる楽しみや喜びは、大きいです。

▼

どんな苦労、喜びなのかがわからない

○ 具体例を挙げる

育児休暇を10か月取得しました。2時間おきにミルクをあげたり、おむつを替える苦労は想像以上でしが、愛するわが子が時折見せる笑顔、一緒でいられることに喜びを感じます。

▼

情景が浮かび、わかりやすい

👍 POINT

読んでもらい、理解してもらうためには、イメージしやすいよう具体的に書くことを心がけましょう。

08 タイトルは「引き算」でスッキリ!

● 最初に長いタイトルを作ってみる

　伝えたいと思った言葉を詰め込みすぎて、タイトルはつい長くなってしまいがちです。余分な言葉を削って要点を絞れば簡単に、パッと理解されるタイトルを作ることができます。

　最初から短いタイトルを考えるのは困難です。まずは長いタイトルでよいので、言葉を羅列してから「引き算」をしていきましょう。

● 5W1Hを書き出してみよう

　5W1H「いつ」「どこで」「だれが」「何を」「なぜ」「どのように」を活用して考えてみます。

　「住民主体の音楽祭を地域活性化のために〇月〇日に開催」を仮のタイトルとします。ここから興味を引くポイントを意識しながら言葉を削っていきます。

　住民が一番知りたい情報は「いつ」です。その日が空いていなければ参加できないからです。次に「自分に興味があるイベントかどうか」がポイントになります。こうして、引き算すべき言葉が見えてきます。

例 イベント告知・注意喚起のタイトル

✗ 情報を詰め込みすぎる

A　住民主体の音楽祭を地域活性化のために〇月〇日に開催
B　「保険金が使える」という悪質な住宅修理の訪問販売にご注意ください

▼

情報が多く、パッと見て理解できない

〇 不要な言葉を削る

A'　【〇月〇日開催】住民主役の音楽祭
B'　【注意】住宅修理の悪質訪問販売

▼

言葉の引き算で、シンプルでわかりやすいタイトルに

👍 POINT

イベント告知などでは日時が目立つように【　】で囲うと効果的です。

09 シンプルな見出しだと伝わる

●「〜について」は使わない！

　通知文によくある表現「〜について」「〜のお知らせ」「〜に関すること」などを使うと、「介護保険給付に関する決定についてのお知らせ」など長いタイトルになりがちです。

　ではこれらをなくしたらどうでしょう。「介護保険給付の決定」とシンプルになります。短いと不安になってしまいがちですが、シンプルなほうが伝わりやすいタイトルになります。

　例えば、Yahoo! ニュースのトピックスの文字数はたった13文字ですが、思わずクリックしたくなります。その理由は簡素で要点を絞っているからです。

● 見出しは1文字でも削る努力をする

　広報紙の「お知らせ情報」のコーナーで、「〜のお知らせ」というタイトルをよく見かけますが、これは情報が重複しています。情報量が多く感じてしまうだけではなく、限りあるスペースを5文字もロスしてしまうことになるので、無駄な言葉は使わないように心がけましょう。

Part3 誰もが読みやすい！「書き方」の基本

例 ホームページの見出し

✗ 「〜について」など余計な言葉を使う

・シンポジウム開催についてのお知らせ
・マイナンバー制度に関する説明のお知らせ
・○月○日に○○○まつりを開催します

▼

長くて興味を削いでしまう

○ タイトルは文章にしない

・シンポジウム開催
・マイナンバー制度の説明
・【○月○日開催】○○○まつり

▼

「〜について」などをなくすだけでスッキリと明瞭に！

👍 POINT

タイトルを文章にしてしまうと、何を伝えたいのか、何の通知なのかがわかりにくくなります。

10 見出しとリード文で心をつかむ！

● リード文で心を離さない

　見出しで関心を持ってもらった後は、「リード文」で心を離さないようにします。リード文とは、本文を簡単に120字程度で要約したものです。

　見出しとリード文は、読めば内容の9割がわかるように作ります。

　リード文を作るには、簡単なコツがあります。最初に「たずねる型」と「問題提起型」の文を持ってくるのです。いきなり「○○が始まります」「○○を利活用できます」と決めつけるのではなく、住民の心をくすぐる仕掛けをしましょう。

●「たずねる型」と「問題提起型」

　「たずねる型」とは、例えば、民間事業者に緑化推進への補助事業がある場合、「緑化推進で補助金が出ることをご存知でしたか」と始めます。すると、意外性が生まれ、興味を持たれます。

　「問題提起型」とは、先の例で言うと「民間事業者の緑化推進に対して私たちができることとは何か。補助金の援助です」と問題提起・自己解決から始めます。すると、印象的なリード文になります。

Part3 誰もが読みやすい！「書き方」の基本

例 ひとり親家庭等医療費支給制度の説明

✖ いきなり説明から始まる

父子・母子家庭等の経済的負担を軽減するため、保護者またはお子さんが医療機関を受診した場合の医療費の一部負担金を県と市町村で助成する制度です。

▼

リード文が堅い内容だと読まれない

⭕ 「ご存知ですか」を使う

<u>役所が、医療費の一部負担金を支援していることをご存知ですか</u>。父子・母子家庭等の経済的負担を軽減するため、医療機関を受診した場合の医療費の一部を負担しています。

▼

意外性が生まれ、共感を得られる

👍 **POINT**

本文を要約したものがリード文、リード文を要約したものが見出しと考えると、作りやすくなります。

11 長い文を短く錯覚させる「。」

●「。」を使うと文が柔らかくなる

　長い文章は、読み手を身構えさせます。パッと見て嫌だと思われる自治体の通知文などには、「文章が堅い」「改行が少ない」「『。』が少ない」といった特徴があります。
　これらを改善することで、長い文章も取っ付きやすくなります。

●「。」で文を短くし、改行する

　住民は行政からの通知文に「そもそも興味がない」ことを、常に前提として考えることが重要です。長い文章では、なおさら忌避されます。しかし、どうしても長文にしなければならないケースがあるのも事実です。そこで、同じ文字数でも少し手直しをするだけで、短い文章に錯覚させるポイントがあります。
　それは、意識的に「。」を多く使い、意識して改行することです。これを実践することで、劇的に伝わり方が改善します。

Part3 誰もが読みやすい！「書き方」の基本

例 制度の説明文

✗ 長文でわかりにくい

　この制度は住民の皆さんの「自分たちなら、こんな方法でよりよいサービスが提供できる」といった思いを形にし、かつ、様々なニーズに対応した新たな事業に、地域において意欲と能力を備えた市民活動団体をはじめ民間企業などによる新しいアイデアや手法、視点から取り組むことで町との協働により地域社会の抱える課題の解決やサービスの向上をめざす制度です。

▼

「。」と改行がなく「、」も少ないので、読む気にならない

〇 「。」や改行、柔らかい言葉を使う

　「こんな方法で、よりよいサービスを提供できる」という住民の皆さんの思いを形にします。
　この制度では、市民活動団体や民間企業などの新しいアイデアや手法、視点を取り入れて、町と一緒に地域社会が抱える課題の解決やサービスの向上をめざします。

▼

「。」が1つ増えるだけでスッキリする

👍 POINT

2行に一度は「、」か「。」を使うことを心がけましょう。

79

12 主語と述語が近いと読みやすい

● 英語の「主語＋述語」を活用

　話があっちこっちに行ってしまうと、ストレスが溜まる上、何を言いたいのかがわからなくなってしまいます。

　英語では「主語＋述語」がハッキリしてます。例えば「私は本を読む」を英語にすると「I read a book」、英語の文節を日本語にすると「私は読む、本を」となります。

　主語と述語で、伝えたいことの9割は完結します。後は補足に過ぎないので、とにかく主語と述語を離さないように注意しましょう。

● 最初に言いたいことを書く

　「私は、ずっと前から読みたかった小説を、図書館に行って、長い間貸し出されていたけど、やっと借りることができて、ようやく読むことができました」。この文章はとても長いだけではなく、要素が多すぎて、話にまとまりがありません。

　まず言いたいことを述べると、「私は、ずっと読みたかった小説を読むことができました」となり、これで9割伝わります。「小説を読むことができた」が重要で、「ずっと読みたかった」は補足です。

例 前文で使う説明文

✕ 主語と述語の距離が離れている

　○○町では、「まち・ひと・しごと創生法」に基づき、将来にわたって活力のある地域を維持、推進するための計画として「○○町　まち・ひと・しごと総合戦略」を策定しました。

▼

読んでる途中で何の話かわからなくなる

〇 主語と述語を冒頭に持ってくる

　○○町では、「○○町　まち・ひと・しごと総合戦略」を策定しました。これは「まち・ひと・しごと創生法」に基づき、将来への活力ある地域を維持、推進するための計画です。

▼

伝えたいことが頭に入ってくる

👍 POINT

主語と述語の距離を短くする意識を持つと、自然と伝わる文章になります。

13 行政は情報を詰め込みがち

● 高齢者でもわかりやすいよう配慮する

　1文の中に情報がたくさんあると、読みにくくなってしまいます。
　例えば、「介護保険で受けられる訪問サービスの種類は、訪問介護、訪問入浴介護、訪問看護、訪問リハビリテーションがあります」という文はごちゃごちゃして、読みにくいです。説明する相手である高齢者にとって理解しやすい文章を作る配慮が必要です。
　共通項があるもの（上記の例の場合、訪問サービスの種類）は、情報をまとめるとわかりやすくなります。

● 箇条書きにするとスッキリ！

　下記のように、文章ではなく箇条書きにすることで、情報が伝わりやすくなります。箇条書きや改行をすることで、住民に伝わりやすい文章になり、住民サービスの向上に繋がっていきます。

【介護保険で受けられる訪問サービスの種類】
　・訪問介護　　　・訪問入浴介護
　・訪問看護　　　・訪問リハビリステーション

例 土曜開庁の取り扱いサービス案内

✗ 最後まで読まなければならない

土曜開庁で、住民課は住民票の交付・転入転出届・婚姻届などの受理、税務課は課税証明書や所得証明書の交付、福祉課では、重度心身障害者医療費支給申請の受付などを行っています。

▼

ごちゃごちゃして頭に入らない

○ 箇条書きでパッとわかりやすい

【土曜開庁の取り扱い内容】
・住民課…住民票の交付・転入転出届け・婚姻届の受理など
・税務課…課税証明書・所得証明書の交付など
・福祉課…重度心身障害者医療費支給申請など

▼

読まずに「見て」わかる

👍 POINT

4つ以上の項目がある場合は、必ず箇条書きにしましょう。

14 相手を考えたSNSで確実に届く！

● 簡素にしないと読まれない

　WEBの情報は流し読みが基本です。SNSでは特に、興味がないものは目に留まりません。

　実際、行政の発信するSNSの情報をチェックしているのは、ほとんどが内部の職員か同業者です。住民に見てもらうためには、文字数を減らして、関心を持ってもらう工夫をします。

● SNSは「読んでもらう」でなく「見てもらう」

　タイムライン上に無数の情報が上がる中で、「これは面白そう」「興味深い」と思ってもらうには、読んでもらいたいという気持ちは消して、「見てもらう」ことを意識します。

　改行がなく、文字ばかりの長文では、誰にも見向きもされません。SNSに適した短い文章にするコツは「。」と、体言止めを使うことです。SNSで見られるのは最初の1行なので、ここに力を注ぐことがとても大切です。さらに、話し言葉にすることで行政に対して親しみを持ってもらえます。

Part3 誰もが読みやすい！「書き方」の基本

例 SNSでのイベントの告知

✗ 長文でわかりにくい

三芳町広報大使のモーニング娘。OGの吉澤ひとみさんと埼玉県出身で三芳町広報大使アシスタントのJuice=Juiceの金澤朋子さんが○月○日にパシフィコ横浜で里山イベントに登場！

▼

「。」がなく、読む気が起きない

○ シンプルにして一行目に注力

吉澤ひとみさんと金澤朋子さんが三芳町ブースに登場！○月○日は里山イベント。パシフィコ横浜でお会いしましょう！

▼

余分な情報は省き、体言止めで要点を伝える

👍 POINT

SNSはベタ打ちが基本です。体言止めを使うと文字数が削減でき、シンプルで読みやすくなります。

15 へりくだり過ぎないとまっすぐ伝わる

● 無理に丁寧な言葉を選ばない

　住民への対応で「なるほどですね」と言うと、火に油を注ぐことになりかねません。「なるほど」だけだと上から目線になりそうですが、丁寧に言うのであれば「なるほど、そうですね」「おっしゃるとおりです」となります。

　また、よく使われる「参考になりました」も正しくありません。考えの足しにするという意味なので、失礼になります。このような場合は「勉強になりました」「学ばせていただきました」とします。

　特に、高齢者は言葉の使い方に敏感です。無理に丁寧な言葉を使わず、普段使っている言葉で話しましょう。

● 声に出して読み上げるとわかりやすい

　行政がよく使う「○○させていただく」「となります」を多用すると長文になり、同じ表現が続くので読み手をうんざりさせます。

　へりくだり過ぎると、かえって馬鹿にしていると思われる場合もあります。声に出してみると過度にへりくだっていないかがわかりますので、ホームページや通知書用の文章で試してみてください。

Part3 誰もが読みやすい！「書き方」の基本

アンケート調査の説明文

✕ 「いただく」を多用

通常の調査では、紙のアンケートにお答えいただきますが、○○調査では、同じ場所に集まっていただき、議論の機会を提供させていただく調査となります。

▼

へりくだり過ぎてイライラする

〇 「いただく」を省き、声に出して読む

通常の調査では、紙のアンケートに答えますが、○○調査は、同じ場所に集まり議論の機会を提供し、調査します。

▼

一度声に出して読んでみて、頭に入れば OK！

👍 POINT

普通の文章を書いてから、丁寧な言葉に置き換えていくと客観的な文章になります。

第4章

困った時に効く！「Office」の解決術

自治体では、どの部署でも使用するWordやExcel。これらを使いこなすことができれば、業務改善、仕事の効率化に繋がります。また、公務員でもプレゼンテーションをする機会が増えました。「お！」と思わせるPowerpointの演出方法で、一歩先を行く公務員になれます。本章では、つまずきやすいポイントと改善方法をご紹介します。

01 文頭がズレる
Word →タブで位置を合わせる

● 空白がそろわず一苦労

　見た目を良くするために、スペースで文字位置を調整している文書をよく目にしますが、それでは本当に美しい紙面は出来上がりません。

　例えば文字を加除した結果ずれが生じ、またスペースで1文字ずつ調整をした経験はありませんか。

```
日時　　　　7月2日（日）　13：00～
場所　　　　●●●公民館
申込方法　　●●●課に電話で問い合わせ
```

▲文字を追加・削除するとずれてしまう

　「タブ（Tab）キー」を使うことで、この問題はすぐに解消できます。タブには、タブキーを押した直後の文字列の位置をそろえる機能があるからです。

　「記」で書き始める文書でよく必要になるスキルです。有効に活用できる方法で、業務改善にも繋がります。

※本章で紹介する方法はすべてOffice10で動作を確認したものです。

タブ(Tab)で位置を合わせると美しい！

文字数を調整することで、位置がそろい、美しい紙面になります。初期設定では4文字分の空白になっていますが、今回は2文字分に設定します。

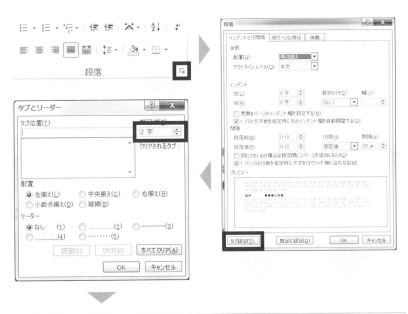

タブの右側は固定されるので、ずれることがなくなる

02 勝手に箇条書きに
Word →入力オートを解除する

● 勝手に連番がふられ修正が手間

　行頭に「1.」や「・」を入れて改行をすると、自動的に箇条書きになって、イライラするケースがよくあります。

```
1．明日はあっちだよ
2．|
```

▲自動で連番が振られてしまう

　また、「記」と入力すると「以上」と自動的に出てくるケースもあります。これらは「入力オートフォーマット」という、「手間がないように」するためのWordの自動機能なのですが、逆に手間がかかってしまうことも少なくありません。

　設定で解除することができるので、気になる人は解除しましょう。そうすれば、ストレスなく文章を作ることができます。

Part4 困った時に効く！「Office」の解決術

入力オートフォーマットの解除方法

ファイルからオプションを選択する

文章校正からオートコレクトのオプションを選択する

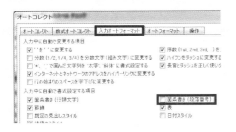

入力オートフォーマット→箇条書き（段落番号）のチェックを外して「OK」を押す

こうすれば自動で箇条書きにされない！

03 画像のせいで行ズレする

Word →折り返しを調整する

● 文章に画像を挿入したい

　何も設定をしないままでは、画像を Word に挿入すると下のような形になってしまいます。

▲文と画像の位置が調整できていない

　見た目が美しくないどころか、文章も読みにくく、メリットは何もありません。
　ここでは、画像を右側に入れて、文章を正しい位置にする方法を解説していきます。

Part4 困った時に効く！「Office」の解決術

文章を画像に回り込ませる

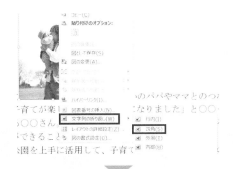

画像の上で右クリック→
文字列の折り返し→四角
を選択

画像の上で右クリック→
文字列の折り返し→折り
返し点の編集を選択

赤い線を適宜広め、文字
と画像の間を調整する

文章が回り込み、見た目もきれいに！

04 グラフがやぼったい
Excel →初期設定から要アレンジ

● 初期設定のままのグラフ

　下記のグラフは、自動的に作られるグラフです。伝わるグラフと言うには、物足りません。

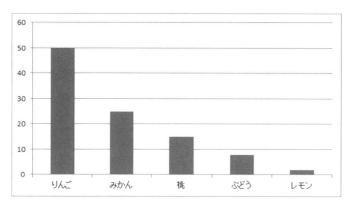

▲やぼったく、見にくい

　そこでP19で説明したグラフの作り方を応用します。グラフを作ることはゴールではなく手段です。目的は、相手にそのグラフを見てもらい、理解し納得してもらうことです。
　誰が見てもわかりやすい、シンプルなグラフを作ることを心がけ、ルールを守れば、美しいグラフを作ることができます。

Part4 困った時に効く！「Office」の解決術

美しいグラフはシンプル

目盛線を消去

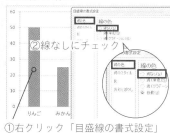

②線なしにチェック

①右クリック「目盛線の書式設定」

グラフの太さを変える

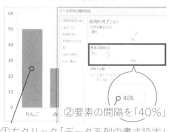

②要素の間隔を「40%」

①右クリック「データ系列の書式設定」

補助目盛の間隔を変える

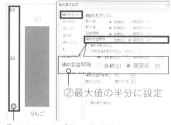

②最大値の半分に設定

①右クリック「軸の書式設定」

データの数値を表示・変更

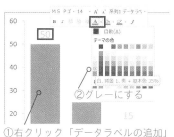

②グレーにする

①右クリック「データラベルの追加」

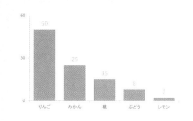

シンプルで伝わりやすいグラフに！

05 情報抽出が終わらない
Excel →定番関数で時間短縮

● 1つのセル内から部分的に抽出したい

　税務や福祉、介護など住所録を Excel で操作するケースは多くの部署であります。住所を市別に並び替えようとしたときに、1つのセルに住所が入力されていることもあります。

	A	B	C	D
1	住所	都道府県	市区町村	番地以下
2	埼玉県三芳町藤久保×番地△			
3	埼玉県三芳町北永井×番地△			
4	埼玉県三芳町上富×番地△			
5	埼玉県三芳町竹間沢×番地△			
6				

▲都道府県・市区町村・番地以下が1つのセルに入ってしまっている

　仕方がなく、1つずつコピペをしていたのでは、時間がいくらあっても足りません。
　今回は「LEFT」「MID」「SUBSTITUTE」の3つの機能を使った方法で、住所を分けてみます。
　もちろんこの方法で、地名の仕分け以外、例えば年齢や性別などの仕分けもできるようになります。

LEFT・MID・SUBSTITUTE 関数

=LEFT（A2, 3）
　　　　↑　　↑
　　抽出元のセル　左端から抽出する文字数

埼玉県は3文字なので、そのセル内の左から3文字を抽出するために、LEFT関数を使います。

=MID（A2, 4, 3）
　　　↑　　↑　↑
　抽出元のセル　│
　　　左から抽出開始する文字数　抽出する文字数

三芳町の位置は埼玉県の次、4文字目以降です。4文字目以降の3文字を抽出するために、MID関数を使います。

=SUBSTITUTE（A2, B2&C2, ""）
　　　　　　↑　　↑　　↑
　抽出元のセル
　抽出元から引く文字（埼玉県三芳町）
　その他不要な文字（あれば ""内に入力）

抽出元から「埼玉県三芳町」を引き、それ以外の地名を抽出するために、SUBSTITUTE関数を使います。

セルを選択して右下の角をドラッグすると連続データが入力されます。

06 印刷が途切れる

Excel →改ページプレビューで区切る

● 1ページ内に印刷を収めたい

Excelで印刷をしたときに、1ページに入りきらず、2枚になったりすることがあります。

	A	B	C	D	E	F	G	H	I	J	K	L	M	N
1	年次休暇取得数													
2		1月	2月	3月	4月	5月	6月	7月	8月	9月	10月	11月	12月	合計
3	金澤	3	5	4	7	4	4	4	5	4	7	4	4	55
4	宮崎	2	3	2	1	3	3	5	3	2	1	3	3	31
5	宮本	2	7	2	1	3	3	5	7	2	1	3	3	39
6	高木	1	3	3	3	2	4	6	3	3	3	2	4	37
7	植村	3	8	2	1	3	3	5	8	2	1	3	3	42
8	梁川	2	4	5	2	5	4	3	4	5	2	5	4	45
9	段原	0	3	2	1	3	3	5	3	2	1	3	3	29

▲長いデータは勝手に印刷範囲が区切られる

枚数を余計に増やしてしまうことは、用紙の無駄・税金の無駄です。意図した印刷をするためには「改ページプレビュー」を使います。これで、印刷ページを設定することができるので、おすすめです。

いくらしっかりした資料を作っても、伝わらなければ意味がありません。せっかく丁寧に作った資料であれば、相手に見てもらうことを意識して、印刷まで気を配りましょう。

Part4 困った時に効く！「Office」の解決術

区切りよく印刷する方法

「表示」を押し、「改ページプレビュー」を選択する

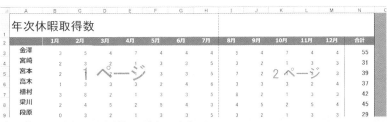

青い枠で囲まれた印刷範囲が表示される

青い点線を青い実線までドラッグする

普通の画面に戻すには「表示」から「標準」にする

１ページに収めることができる！

07 1枚の文字量が多い

Power Point

→フォントと余白でスッキリ！

● 入れたい情報を整理できない

　PowerPointはとにかく「見せる」ことが重要です。パッと見て、印象的なスライドでないと、相手の興味を惹きつけることができません。

```
全国広報コンクール

全国広報コンクールとは、全国の自治体広報紙が競う甲子園のようなもので、毎
年広報力向上を切磋琢磨するために行われているコンクールのこと

広報紙部門…入選2回/一枚写真部門…特選1回（内閣総
理大臣賞）・入選1回/組み写真部門…入選3席1回
映像部門…入選2席1回/広報企画部門…入選1回

埼玉県広報コンクール

埼玉県で、全国広報コンクールに埼玉県代表作品を決める審査があります。

広報紙部門…特選5回/一枚写真部
門…特選4回入選2席1回/組み写
真部門…特選4回/映像部門…特選
1回
```

▲ごちゃごちゃした文字の羅列でつまらない

　上の例は、文字が多く、つまらない印象です。また、投影用としては、文字が小さすぎ、文字列の位置もそろっていないため、見る人はストレスを感じます。書体もバラバラで統一感がありません。

美しいパワポを作るルール

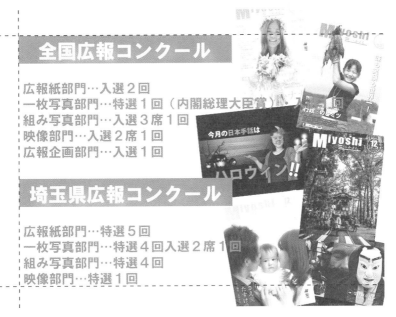

「表示」タブから「ガイド」にチェック。表示されたガイドは「Ctrl」を押したままドラッグで増やせます。

ガイドラインに沿って作ることで、全体がスッキリする

・書体は「HGP創英角ゴシックUB」で統一
・見出しは■で囲った上に文字を乗せる
・文字のサイズは大きく
・4項目以上あるときは箇条書きにする
・強弱をつけ、画像を有効的に使う
・文字列の位置をそろえる

08 テンポが悪い
Power Point
→文字を隠して「気にならせる」

● 「見せ方」に失敗している

　スライドを見た瞬間に、これから話す内容がわかってしまうと、つまらなくなります。

```
予算がない・知識がないから できない

できない理由を考えるのではなく
できる方法を考える

勉強して、自分たちでできることは
自分でやる
```

▲ベタ打ちのネタバレで台無し

　ネタバレしてしまうと、相手は「もう知っているよ」となってしまいます。
　そうならないように、ポイントを隠す方法を使いましょう。

Part4 困った時に効く!「Office」の解決術

アニメーションを効果的に

図形を使ってポイントを覆います。ポイントを隠すことで、相手の興味を惹きつけることができます。覆いを取るときは、「アニメーション」タブから「終了」の項目のうちいずれかを選択します。

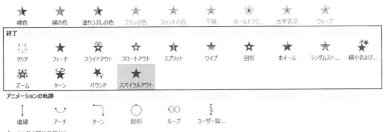

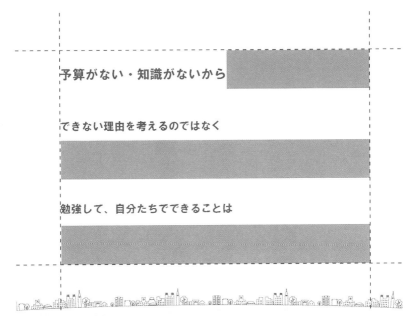

文字を隠すとワクワクする!

105

09 つまらないと言われる

Power Point

→動きがあると興味が続く

● アニメーションを使っていない

　ずっと同じ画面で説明するパワポは退屈です。下の図は、以前の広報みよしが、ダサくて読まれていなかったということを説明するスライド。単調で面白味がありません。

▲動きがなくつまらない

　しかし、アニメーションを活用すると劇的に興味を惹くことができます。人は動きを目で追う習慣があるので、それを活用し、飽きさせないプレゼンをめざしましょう。

Part4 困った時に効く！「Office」の解決術

相手を飽きさせないコツ

あらかじめ人物と吹き出しを用意し、②のスライドの状態からアニメーションを入れます。

①人物が下から登場

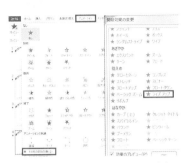

「アニメーション」タブを選択→「その他の開始効果」→「ライズアップ」を選択

②回転しながら吹き出しが出てくる

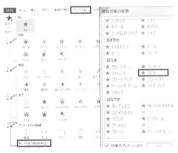

吹き出しと文字を選択→「アニメーション」タブを選択→「その他の開始効果」→「スピナー」を選択

興味を惹き続ける工夫を！

第5章

もう1歩先に！
伝わるマインド＆極意

伝わることを意識すると、自分自身が変化するだけではなく、住民や周囲も変わっていきます。ポイントは常に「住民目線で仕事をすること」です。公務員の仕事一つひとつを「ラブレター」と捉え、住民にどうしたら想いが伝わるのかを考え、実践することで、より質の高い公務員になることができます。

01 良い広報は苦情が減る

● 住民の「なぜ」を解決する

　窓口業務など住民と直接交わる部署は、いろいろなご意見をいただくことがあります。

　私が介護保険担当だったころ、1時間以上電話や窓口で対応することは日常茶飯事でした。

「なぜ、こんなに保険料が上がったのか」

　保険料の納付書や通知書を送った後、このような問い合わせをいただくことが特に多く、連日その対応に追われていました。そこで次のように住民に感じてもらうことを考えました。

「だから保険料が上がったのか」

　ポイントは、住民が「なぜ」という疑問を持ったときに、役所に問い合わせをするという事実です。苦情や問い合わせの原因は住民の「なぜ」です。それを改善できれば、苦情や問い合わせがなくなるのではないかと仮定しました。

　2手先を考え、苦情や問い合わせの原因を究明し、それを相手に提示することで、住民の共感と理解を得られます。

● 共感と理解を得る

　先の介護保険料の場合、一方的に「あなたの保険料はこの金額です」という通知を送っただけで、説明も何もなかったため、納付者の方々は原因がわからず「なぜ」と疑問に感じていました。
　そこで、「なるほど、だから保険料が上がったのか」と納得してもらうために、保険料が上がった原因を考えます。

① 前年の所得が上がったことで保険料が上がった
② 前年と同額の所得だが、制度が変わって保険料が上がった

　苦情や問い合わせがあるケースは②です。前年と所得は同額なのに保険料が上がるのはおかしいと思うのは、住民の立場からすると当たり前です。
　そこで必要なのは共感と理解を得ることです。
　制度が変わったから保険料が上がったのではなく、「介護保険を利用する人が増え、社会全体で支える必要があり、制度改正をしたため、所得段階が変更となりました」というリード文を提示します。要は、保険料を上げざるを得ず、そのために制度が変わった、という本質を伝えることが重要です。ここが伝われば、大多数の方が、「なるほど。なら仕方ない」と共感し、理解を示してくれます。
　通知書で、中学生でもわかるように易しく、高齢者もパッとわかるように図解や表を駆使し、簡素で明確な文章を作ると、必ず問い合わせが減ります。
　「なぜ保険料が上がったのか」「なぜ制度が変わったのか」、子どものように「なぜ」と疑問を重ねると、住民に寄り添った広報ができます。広報力を上げて苦情や問い合わせをなくしましょう。

02 嫌なことは紙に書き起こす

● 異動して半年がチャンス

「こんな面倒なこと、なんでやってるんだろう」
「前の部署は、こんなことしていないのに」
「こうしたら、もっと効率的にできるはずなのに」

新人や異動してすぐの人は、このように感じることがあるのではないでしょうか。しかし、だんだん職場に慣れてくると感覚が鈍って、前例踏襲に慣れ変化を求めなくなりがちです。

実は、最初にその部署に来たときの感覚は、住民の感覚に非常によく似ているのです。

何もわからない、当たり前のことが当たり前でない感覚があるうちがチャンスです。「おかしい」「こうしたほうが絶対によい」など、思ったことはそのときに必ず紙に書き起こしておきます。

私が新入職員で入庁したときは、税務課の固定資産税の家屋担当で家屋調査を行っていました。年が明けてから一斉に新築や増築の家屋調査と税算定の入力をします。残業が当たり前で、ときには日をまたぐこともありました。

しかし、私には疑問がありました。なぜ調査を年明けまで待たなければいけないのか。家が建ったらすぐに調査に行けばいいのに……。

● 前例踏襲に疑惑の目を向ける

　そこで、これは改善できそうだと思い、紙に書き起こしておきました。それからどうしたら改善できるのかを考え、上司にこう提案しました。
　「年明けまで待たずに、家が新増築したらすぐに、調査に行きませんか。登記が出たらすぐに手紙を出すような仕組みを作ります。そうすれば、残業もなくなるはずです」
　すると年明けは残業続きが当たり前だったのが、劇的に減少しました。
　前例踏襲のよさもありますが、仕事に対して常に疑問を持つことは大切です。特に感覚の鋭い異動初年度は、絶好のチャンスです。

● 他の課にも伝えて業務改善

　首長の職印を申請書に押す機会は、公務員なら必ずあります。しかし、納付書など量が多いものは印影で省略することが常です。
　以前、とある課の職員が、100枚を超える申請書に一枚一枚職印を押している姿を見かけました。「なんで印影で処理しないの？」と聞くと「職印以外の方法を知りませんでした」との答え。何時間もかけて一つひとつ押すことが当たり前で、それがその課のルールになっていたそうです。
　そこで、印影を使ってまとめて印刷する方法を伝えた結果、それまで何時間もかかっていたものが、数分で終わるようになりました。それまでの経験は忘れずに、覚えておくことが大切です。

03 面倒なことは手間をかける

● メールには必ず返信をする

　面倒なことは、先送りにしたくなりがちです。しかし、遅かれ早かれ、やらなければいけないときはやって来ます。
　例えば、メールの返信です。私はどんな内容でも、必ず即レスするように心がけています。
　その理由は、ラインでは既読機能で相手が読んだかがわかりますが、メールは読んだのかがわかりません。
　メールを送った後、返信がなくて「ちゃんと届いたかな」と不安になった、という経験は誰にでもあるのではないでしょうか。
　自分だったら、返事がなかったら嫌だなと思います。だから、面倒でも「メール拝受しました。取り急ぎご連絡まで」など短文でもよいので、受信に気が付いたらすぐに必ず返信をします。
　この作業を怠ると、相手から「先ほどのメールは届いていますか」と電話やメールで問い合わせがくるかもしれません。少しの手間で余計な時間を奪われることを防ぐことができます。

● 求められたこと以上の仕事をする

　普通に仕事をしたり、与えられた仕事だけをするだけでは、住民の心を動かしたり、共感を得ることは難しくなります。

　例えば、誕生日。ケーキが用意されていることは想像ができますが、帰宅して、玄関を開けたらそれまで影を潜めていた友人がクラッカーで「おめでとう！」と祝福してくれたら、驚きと感動を生むでしょう。

　「こうしたら喜んでくれるのではないか」という気持ちから、準備や根回しなど面倒なことをしたことで、相手の心を動かすことができたのです。

　仕事も同様に、面倒なことをして初めて住民サービス向上に繋がります。

　広報みよしは全国から取り寄せの依頼があります。「広報みよしを送ってください」と言われたとき、封筒に広報紙を入れて終わり、でも確かに相手の依頼には応えていますが、いかにもお役所っぽくて冷たい感じがしませんか。

　私は、依頼があった場合、必ず一人ひとりにお手紙を書きます。なぜなら、埼玉県三芳町に興味を持っていただいたことへの感謝を伝えたいから。それと、三芳町のファンになってほしいからです。

　事務作業だけではなく、真心を伝えることは公務員にとって非常に重要なことです。その積み重ねは必ず、自治体への信頼や愛着に繋がるはずです。

　仕事にほんの少しのスパイスを加えるだけで、住民の見る目が必ず変わります。プラスアルファの仕事を意識して、より質の高い仕事をすることが住民サービス向上になります。

04 広報にこそ プロ意識を

● 公務員は言い訳が多い

　広報担当者の中には、「雑誌の編集者じゃないし、プロじゃないんだから、見た目や内容のよい広報を作ることは不可能だ」などと弱音を吐く人がいます。

　本当に不可能なのでしょうか。

　広報担当者は、広報を作ることの対価として住民の税金から給料をいただいています。対して、雑誌の編集者も雑誌を作ることの対価として、会社から給料をもらっています。

　下手をすれば、雑誌の編集者よりも高額な給料をもらっている公務員もいるはずです。それでも「プロじゃないから」と言えるのでしょうか。

　私たち公務員は、対価として給料をいただいている時点で、その業務の「プロ」です。

　果たしてどれくらいの公務員が「プロ意識」を持って仕事をしているでしょうか。「民間と違って、頑張っても給料が上がらない」とはよく聞く公務員の常套句ですが、こういうことを言う人に限って、もともと仕事をしない人が多いと思います。

● プロ意識を持つ＝広報力が上がる

　例えば、携帯電話の使い方がわからない高齢者が携帯ショップに行ったときを想定してみましょう。窓口で応対するスタッフは、高齢者にも伝わるように、大きな表を使って説明するなど工夫をしながら理解をしてもらえるようにしているはずです。

　対して自治体の対応はどうでしょうか。介護保険や後期高齢者医療保険料などの窓口で、理解してもらえるような工夫をしているでしょうか。私が知っている範囲では、みんな笑顔で伝わるように頑張って対応していますが、その思いが伝わらず激高されるときもあります。そんなとき、どう対応するかで「プロの仕事」が問われるのではないでしょうか。

　どこが理解されないのか、どうしたら理解されるのかを顔色や声のトーンで判断し、相手が落ち着いたところで、制度の説明を、ゆっくりハッキリと大きな声で伝えたり、見やすい図表を用いたりするなどの対応ができれば、プロ意識を持っていると言えます。

　そして、プロ意識を持つことは、結果として広報力の向上に繋がります。

　わかりやすく伝わるデザインをすることが広報力であり、それを発揮するのは住民への対応や住民の理解を深めるときです。

　民間企業と変わらないプロ意識をもって、住民が納得するように仕事を工夫していくことが、公務員として必要です。

　税金という住民からいただいた大切な給料を無駄にしないで、プロの仕事を意識することは、結果として住民サービスの向上になることをしっかり理解しましょう。

05 ユニバーサルデザインの考え方

● 誰にとっても優しいデザイン

　障害者差別解消法により、行政は民間企業以上の合理的配慮を行わなければならなくなったことを、ご存知でしょうか。

　合理的配慮の典型的な例としては、車いすの人が乗り物に乗るときに手助けをすることや、窓口で障がいのある人の特性に応じたコミュニケーション手段（筆談、読み上げなど）で対応することが挙げられます。

　この合理的配慮は、障がいのある人が社会生活を送る上での障壁（バリア）を除去するとして「バリアフリー」と呼ばれます。

　一方、障がい者だけではなく、人種、性別、子どもからお年寄りなども含めたすべての人にとって、生活しやすい社会をデザインすることを「ユニバーサルデザイン（UD）」と言います。

　広報みよしは、誰もが読みやすく見やすいデザインレイアウトを心がけて工夫をしていますが、特に効果のあったものが、「UD書体」です。UD書体は見やすさ、読みやすさを追求した書体で、広報みよしでは、大幅にリニューアルをした2012年から導入しました。

　すると、想像以上に驚くことがありました。

● UD書体を使用したら苦情がゼロに

それまであった「文字が小さい」「読みにくい」などの苦情が、一切なくなったのです。

ここで驚いたポイントは「書体のサイズがむしろ小さくなっているのに苦情がなくなった」ということです。

書体のサイズを小さくしたことにより、紙面全体に対しての余白が多く取れるというデザイン的な利点がありました。これにより、レイアウトの幅が広がり、表現豊かな広報みよしを作る要素の1つになっています。

● 学習障害のある子どもへの配慮

子どもの中には、ディスレクシアという学習障害により読み書きが苦手な子や、尖端恐怖症があり、文字のはねている個所が気になって、読み書きに集中できない子がいます。

そこで、UD教科書体という尖端に丸みを帯びさせつつ、読みやすい文字が開発され、少しずつ教科書などで使われるようになっています。

UD書体は社会全体で使われています。例えば「S」「3」「6」といった文字は、弱視や老眼の人、乱視が強い人が見るとにじんでしまい、すべて「8」に見えてしまうことがあります。

例えば、高齢者が薬の数を「3」と「8」で誤ってしまえば、命に関わることにもなりかねません。そこで、切り込みを大きくして文字の誤認を防ぐUD書体が社会全体で使われ始めています。伝わる書体を使うことは、誰もが生活しやすい社会づくりに欠かせません。

06 1枚の写真が人生を変えた話

● 2週間かけてやっと納得できた写真

　広報みよしを7年間作ってきましたが、特に思い入れが強いのが障害者差別解消法について特集した2016年3月号です。
　その中で、町内にある障がいのある人が働く「福祉喫茶ハーモニー」を取り上げました。
　メインとなる写真は、そこで働く皆さんの笑顔の写真にしたいと考え、実際にスタッフに集まってもらい撮影しました。
　「何か違うんだよな……」
　一応笑顔の写真は撮れたのですが、何かが足りないと感じました。それは、障がいのある人と、自分との間に距離があったためです。いざ撮影をするとなると、皆さん身構えてしまいました。
　特集を組む前からハーモニーは利用していましたが、コミュニケーションをもっと取りたいと思い、それから2週間、ハーモニーで昼食を食べることにしました。こうしてスタッフとの距離を少しずつ縮めていき、ようやく納得のいく写真を撮ることができたのです。

● 広報で住民が変わる

　この号が発行されたあと、ハーモニーに嬉しい出来事がありました。

　まず、お客さんが増えたこと。今まで何となく気になっていた人たちが、「町内にこういう場所があるんだ」と知り、実際に足を運んでリピーターになってくれたと店長が笑顔で教えてくれました。

　「この号がきっかけで、人生が変わった人がいるんですよ」

　そう店長が私に言うのでびっくりしました。話を聞くと、2週間通い詰めてようやく撮影できたあの写真を見た、知的障がいのある子のご両親から、「この写真のスタッフの輪の中に、わが子がいる姿が目に浮かんだんです」「ぜひハーモニーでこの子を働かせてください」と話があり、今では彼はハーモニーの一員としてなくてはならない存在になったそうです。

　ご両親は、「息子はそれまで規則性のある単純作業しかできないと思っていたのが、ハーモニーでは注文を受けたり、レジ打ちをしっかりこなしたりしていて、びっくりしている」と仰っていたそうです。

● 1枚の写真がきっかけで人生が変わった

　どのようにすれば、ハーモニーの温かい雰囲気が伝わるのかをずっと考え、納得いくまで写真にこだわったことが、住民の心を動かしました。こうして花開いたこの出来事は、私にとって忘れることのできないものとなっています。

07　広報はラブレター

● 納付書も通知書もすべてラブレター

　私は常に、広報はラブレターだと思いながら作っていますが、広報だけではなく、納付書もお知らせの通知も、ホームページやSNSなどで発信する情報もすべてラブレターではないでしょうか。

　行政が行った素晴らしい事業も、住民の命に関わる大切な情報も、住民に届かなければ意味がありません。何度も何度も書き直して、何日もかけてようやく完成したラブレターが、相手に手に取ってもらい、読んでもらえなければ意味がないのと同じです。

　ラブレターは渡すタイミングも大切です。例えば、物置場でラブレターを渡すのと、放課後に体育館の裏で渡すのとでは、手に取ってもらえる確率は、圧倒的に後者のほうが高いでしょう。

　ようやく手に取ってもらったとしても、中身を見て、まったく読めない文字や、想いの伝わらない内容であったら、相手はがっかりし、残念な結果になることでしょう。

　納付書も通知書も、せっかく連日残業をして作っても、「よくわからないから、電話して聞いてしまおう」と住民に思われたら、それまでの苦労や時間が無駄になってしまいます。

● 行政と住民をつなぐコミュニケーションデザイン

　ラブレターを渡す絶好の状況を組み立てるような考え方は「コミュニケーションデザイン」と言われています。

　自分と相手をどのように繋げるのか、どうしたら効果的に想いが伝わるのかを「デザイン」するのです。

　例えば、各課で発信しているホームページの情報も何曜日の何時に配信すると効果的なのかまで考えるのです。

　今まで午後に配信していたのを、朝7時に発信すれば、通勤途中の人がスマホで見てくれるかもしれません。また、正午までに発信すれば、お昼休みに見てくれる人が増える可能性が高いです。

　このように、ただ何となく情報を伝えるのではなく、いつ、どこで、どのタイミングで、どうやって伝えることが一番効果的なのかまで考えることが重要です。

● 広報は手段

　ラブレターを作ることは、「恋人になってほしい」という目的に対する手段です。

　これを広報や通知書に置き換えると、広報を作ることは、「住民に町に恋をしてほしい」ということが目的になります。

　「恋」と抽象的に言いましたが、町に関心を高めてもらうことと言い換えるとわかりやすいかと思います。

　期限内に広報や納付書・通知書を作って発送するのは、町や行政、国に対して関心を高めて、理解と納得を得てもらうという目的があるからです。

　ラブレターを作っていると思うと、仕事も少し楽しくなります。

08 一人ひとりの広報力が日本を変える

● まち一番の祭りの日、即答できますか

　三芳町では年に一度、「みよしまつり」という大きな祭りが9月の第一土曜日に開催されます。このお祭りは住民の関心が高く、また、町外からも三芳町の人口を超える人が集まります。
　「今年のみよしまつりはいつですか？」
　住民課の職員に聞いたとします。そのとき「担当でないのでわかりません」「さあ、いつなんですかね」などの受け答えをされたら、皆さんどう感じるでしょうか。
　「自分の町のことも、三芳町の職員は知らないんだ」
　自分の勤める自治体のことにあまり関心がない職員は意外と多いですが、住民の信頼を失墜させかねないことに気が付いていないことが多いです。
　また、転入届を受けた職員がいたとします。そのときの対応を2パターン考えてみます。
①「さっさと免許証出して。あれ、ここ記入漏れてるよ」
②「三芳町に転入していただき、ありがとうございます。免許証を提示いただけますか。こちらにも記入をお願いできますでしょうか。はい、ありがとうございます」

もし①のような対応をされたら「嫌な町に転入しちゃったなあ」と思うはずです。たった1人の職員の対応で、町や町職員すべてを否定されることになってしまうのです。

一方、②のような対応をされれば「対応がよい、いい町に転入できてよかった」と思っていただけることでしょう。

ここでのポイントは、職員一人ひとりが、自治体を代表する広報担当者だという意識を持つことです。

● FAN=FUN を増やして日本を変える

「広報みよしを読んで、改めて三芳町が好きになった」と住民の方に言われたことがあります。

自治体の広報力が上がると、その町に関心を持つ住民が増えます。また、そこに暮らしていない人たちも、興味を持てば、住民票を持たずとも関与という形で自治体の力になってくれるでしょう。

細かなことですが、公務員一人ひとりの広報力と意識が変われば、必ず住民が変わります。そして住民が変わると町が変わります。全国の町が変わると「日本」が変わります。

住民が町に誇りを持ち、好きになり、楽しくする当事者になること。広報の力で「FAN=FUN」を増やすことができれば、日本が変わると思っています。

● 著者紹介

佐久間 智之（さくま ともゆき）

埼玉県三芳町役場職員、広報・プロモーション担当。メディア・ユニバーサルデザイン・アドバイザー。1976年東京都板橋区生まれ。2002年入庁。税務課、健康増進課を経て現職。一人で広報みよしの印刷以外の写真撮影・企画・デザインや予算ゼロ円のシティプロモーション、ホームページのデザイン、AR、動画制作の全てを行う。2015年に全国広報コンクールで日本一となる内閣総理大臣賞を受賞。ハロー！プロジェクトとの斬新なコラボ企画などを展開。自治体広報やプロモーション戦略が話題に。
自治体、大学やイベントなど、全国で公演や取材、視察など年間80件以上。「広報はラブレター」をコンセプトにまちに恋する広報戦略を展開し、NHK首都圏ニュースやラジオ深夜便、日本テレビ「news every.」、朝日新聞「ひと」など多くのメディアで取り上げられている。
三芳町広報大使、Juice=Juiceの金澤朋子さんの大ファン。

パッと伝わる！
公務員のデザイン術

2018年5月23日　初版発行
2018年8月31日　4刷発行

著　者　佐久間智之
発行者　佐久間重嘉
発行所　学陽書房
〒102-0072　東京都千代田区飯田橋1-9-3
営業部／電話　03-3261-1111　FAX　03-5211-3300
編集部／電話　03-3261-1112
http://www.gakuyo.co.jp/
振替　00170-4-84240

イラスト協力／みずしな孝之
ブックデザイン／スタジオダンク
印刷／精文堂印刷　製本／東京美術紙工

©Tomoyuki Sakuma 2018, Printed in japan. ISBN 978-4-313-15090-4 C0034
乱丁・落丁本は、送料小社負担にてお取り替え致します。

JCOPY　＜出版者著作権管理機構　委託出版物＞
本書の無断複製は著作権法上での例外を除き禁じられています。複製される場合は、そのつど事前に、出版者著作権管理機構（電話03-3513-6969、FAX 03-3513-6979、e-mail: info@jcopy.or.jp）の許諾を得てください。

◎学陽書房の本◎

住民からのクレームが激減する文章の書き方、上司に好かれるメールの書き方がわかる！

幅広い住民向け文書をベースに悪い例とよい例を示しながら、どのような表現がトラブルを招くのかそのポイントを具体的に示す。メール・Twitterの書き方や作法について取り上げた本！

誰も教えてくれなかった　公務員の文章・メール術

小田順子［編著］

四六判並製／定価＝本体1800円＋税